LETTRES

A UN HABITANT DE TOULOUSE.

Imprimerie de FÉLIX LOCQUIN, rue N.-D. des Victoires, 16.

LETTRES

A UN HABITANT DE TOULOUSE

SUR

LE BUT ET L'ILLÉGALITÉ

DU RECENSEMENT PRESCRIT PAR M. HUMANN

PAR Eugène DAIRE.

Il est bon que la France le sache; si, comme j'en ai la ferme espérance, sa liberté se maintient, sa prospérité s'établit, son budget ne diminuera pas.

M. DE RÉMUSAT.
Moniteur, 19 janvier 1832.

Souffrir, payer et se croire heureux, voilà vos maximes de finance.

CORMENIN, *Lettres sur la liste civile.*

PARIS

DAUVIN ET FONTAINE, LIBRAIRES,

35, PASSAGE DES PANORAMAS;

ET CHEZ TOUS LES LIBRAIRES ET MARCHANDS DE NOUVEAUTÉS,

1841

LETTRES

A UN HABITANT DE TOULOUSE

SUR

LE BUT ET L'ÉLÉGANCE

DU RECENSEMENT FRANÇAIS PAR M. ROMAIN

PAR Eugène DAIRE

PARIS

DAUVIN ET FONTAINE, LIBRAIRES,

35, PASSAGE DES PANORAMAS;

ET CHEZ TOUS LES LIBRAIRES ET MARCHANDS DE NOUVEAUTÉS,

1841

LETTRES

A UN HABITANT DE TOULOUSE

SUR LE BUT ET L'ILLÉGALITÉ DU RECENSEMENT

PRESCRIT

PAR M. HUMANN.

PREMIÈRE LETTRE.

SOMMAIRE :

Machination financière. — L'Assemblée constituante. — Idées générales sur l'impôt. — M. Thiers et sa doctrine. — Mot de M. Humann sur les boissons.

> La vraie fin de la politique, est de rendre la vie commode et les peuples heureux.
> BOSSUET, *Hist. univ.*

MONSIEUR,

Vous paraissez convaincu que M. Humann médite, en ce moment, un attentat énorme contre la fortune de la France; mais vous dites que vous ne vous en expliquez pas très clairement la nature et qu'il y a, au fond de cette affaire, une certaine obscurité, que la presse n'a pas éclaircie, à vos yeux, d'une manière satisfaisante.

Cette remarque fait honneur à votre jugement, car il se trame en effet, dans l'ombre, une machination financière, dont

1

les agents supérieurs du fisc ont seuls le secret, et dont les journaux sont loin d'avoir compris toute la portée.

Je suis à même de vous fournir, sous ce rapport, des renseignements qui achèveront de vous édifier, et sur la bonne foi du ministère, et sur l'importance de la question qui soulève les municipalités contre le Pouvoir central. Mais, si la matière est sérieuse, je vous préviens qu'elle n'est pas amusante, et qu'elle comporte, en fait de détails techniques, un ennui dont vous n'avez peut-être pas suffisamment apprécié la mesure.

Je me rassure, toutefois, en songeant que vous pensez avec Fénelon, Fénelon l'*utopiste*, que « la solidité de l'esprit con» siste à vouloir s'instruire exactement de la manière dont se » font les choses qui sont le fondement de la vie humaine, » ou sociale ; car, celui qui adopte une telle maxime, ne saurait manquer de comprendre combien est grave tout ce qui se rapporte soit au *fond*, soit à la *forme* de l'*impôt*.

J'entrerai donc immédiatement en matière, sans plus allonger davantage ce préambule.

Vous savez que l'organisation de l'impôt *direct* remonte à l'Assemblée constituante.

L'œuvre de cette assemblée fut admirable, sans doute, si on la compare à ce qui existait avant la grande révolution de 1789 ; mais il faut convenir néanmoins qu'elle perd beaucoup de son prestige, quand on la juge d'une manière absolue.

L'impôt, pour être régulier, normal, juste enfin, doit avoir pour *base* non des hypothèses, des conjectures gratuites, mais le *revenu réel* des citoyens.

L'assemblée constituante admit bien ce principe, mais elle recula devant l'application ; et, depuis elle, le Directoire, le Consulat, l'Empire, la Restauration et la Monarchie de juillet, tout en cherchant à découvrir ce revenu *réel* pour accroître l'impôt, s'ingénièrent principalement à en faire retomber le poids sur le *salaire* du travail, dégrévant ainsi la *terre* et le *capital*, qui constituent cependant la seule richesse, la seule *matière imposable* du pays.

Car le salaire du travail, qu'est-ce autre chose que le pain quotidien du prolétaire, et les droits de la nature ne viennent-ils pas avant ceux de la cité? Ne faut-il pas que l'homme vive, que la famille se perpétue, pour qu'il existe des citoyens?

Or, les contributions *foncière, personnelle et mobilière* et de la *patente*, décrétées par nos pères, portent autant sur le salaire du travail, qui n'est pas une richesse publique, car la *consommation totale* en est forcée, que sur la terre et le capital qui produisent un revenu, dont une partie reste toujours *libre*, peut et doit, en conséquence, être frappée d'une manière proportionnelle, pour subvenir aux dépenses de l'état.

Il est donc évident que l'assiette de l'impôt fut vicieuse à son origine, et Dieu sait si on l'a améliorée depuis.

Je n'ignore pas que les financiers ont prétendu que la recherche d'un impôt unique et proportionnel était *illusoire*, que l'inégalité des charges publiques était un fait *nécessaire*, auquel il n'y avait de remède que dans la *multiplicité* et la *variété* des *taxes*. Je n'ignore pas non plus qu'on a cent fois reproduit cette doctrine à la Chambre, et que, six mois après la révolution de 1830, M. Thiers s'exprimait en ces termes :

« Dans tous les pays où l'on cherche à arriver à la plus
» parfaite égalité possible dans les charges par l'appréciation
» véritable des facultés des individus, ce problème a toujours
» été insoluble; on n'a pu établir un impôt qui atteignît la for-
» tune de chacun. Mais le moyen d'en approcher le plus pos-
» sible est la *variété même des impôts*, car celui qui est *ménagé*
» par un impôt est *saisi* par un autre, et l'*équilibre* est rétabli.
» C'est un *art* qui tous les jours *se perfectionne*, et il faut

» espérer qu'avec le temps on parviendra à le rendre tout à
» fait *parfait* (1). »

J'ai l'impertinence de croire que la science financière n'impose qu'aux niais dont le nombre, par malheur, ne décroît pas d'une manière sensible, et que les *lazzis* de M. Thiers, à l'endroit de l'impôt, prouvent seulement qu'une haute intelligence peut s'allier avec une profonde immoralité.

Que la répartition *absolument* égale des charges publiques soit un problème insoluble, je l'accorde : suit-il de là qu'on ne puisse tendre continuellement vers une solution de ce problème, *de plus en plus approximative*, et surtout qu'on doive tourner le dos aux voies qui y conduiraient ? Autant vaudrait prêcher aux hommes de s'abandonner à la fougue de leurs passions, parce qu'ils ne peuvent acquérir toutes les vertus ; ou faire l'éloge de la paresse, parce que le travail ne conduit pas nécessairement à la fortune.

Pauvre peuple ! on t'enseigne la chimie, la géométrie, la mécanique ; mais qui t'apprendra jamais à démasquer les charlatans et les rhéteurs !

Je me résume, Monsieur, en posant le principe : Qu'il n'y a pas d'*impôt normal*, *sans la connaissance du revenu réel.* Vous verrez, dans mes lettres subséquentes, combien cette vérité a de rapport avec notre sujet.

Adieu. N'ouvrez pas vos portes aux contrôleurs, car ce serait ouvrir votre bourse à M. Humann, et l'homme qui a dit que *les boissons n'étaient pas une denrée de première nécessité*, pourrait bien vous réduire à l'usage exclusif du liquide que les économistes ont classé dans la catégorie des richesses *naturelles*, mais non *sociales*.

Je suis, etc.

Paris, le 28 juillet 1841.

(1) *Moniteur*, 19 janvier 1831.

DEUXIÈME LETTRE.

—

SOMMAIRE :

Mécanisme de l'assiette et de la répartition de l'impôt. — Inutilité d'un recensement pour obtempérer au vœu de la loi de 1838. — Le recensement a un autre but.

> En toute chose, il faut considérer la fin.
> LA FONTAINE.

Vous savez, Monsieur, que l'impôt direct comprend quatre éléments distincts :

La contribution foncière,

—— des portes et fenêtres,

—— personnelle et mobilière,

—— des patentes.

Il faut rappeler ici, d'abord, à l'honneur de l'assemblée constituante, que la contribution des portes et fenêtres n'est pas de son invention;

Que cette assemblée laissa subsister peu de taxes *indirectes*, et voulut que tous leurs tarifs fussent modérés ;

Enfin, qu'en fondant presque tout le revenu public sur l'impôt *direct*, elle plaça l'*assiette* et la *répartition* de cet impôt sous le contrôle permanent des citoyens;

Au corps législatif, appartint le droit de répartir l'impôt entre les départements;

Aux assemblées départementales, celui de le distribuer entre les arrondissements;

Aux assemblées d'arrondissement, celui d'assigner le contingent des communes;

Et aux municipalités, enfin, celui d'établir les cotisations individuelles.

On n'a apporté, dira-t-on, aucun changement à cet état de choses.— C'est vrai, si l'on ne compte pour rien cette circonstance, qu'il faut aujourd'hui payer, pour être électeur communal, un cens supérieur à celui qui conférait alors la jouissance des droits politiques.

Qu'on le remarque bien, le *principe* qui domine toute la législation relative à l'impôt *direct*, c'est l'*activité* des citoyens et la *passivité* du pouvoir central, représenté par les agents du fisc; en ce sens, du moins, que son rôle se borne à rédiger des travaux préparatoires qu'approuvent ou rejettent, dans les limites de leur compétence, les assemblées diverses auxquelles la loi en a renvoyé l'examen.

Les agents du fisc n'ont jamais, en face de l'assemblée municipale, d'arrondissement, ou de département, d'autre position à prendre, que celles du ministre des finances, vis à vis de la législature.

S'il n'en était ainsi, ce serait le Pouvoir central qui imposerait la nation, et non la nation qui s'imposerait elle-même.

Examinons maintenant ce que fait M. Humann.

Il expédie ses huit cents contrôleurs dans les trente-six mille communes de France, pour compter les portes et fenêtres de nos maisons, et nous interpeller, à domicile, sur le montant du loyer que nous payons aux propriétaires.

Passons, pour le moment, ce droit à M. Humann, sauf à lui demander l'usage qu'il en veut faire.

Il ne s'agit pas, apparemment, de recommencer le cadastre qui, entrepris en 1803, n'est pas même achevé.

Il ne s'agit pas, apparemment encore, comme en 1790,

de *constituer* la France relativement à l'impôt, puisqu'elle a reçu, à cette époque, une constitution plus ou moins vicieuse, qu'on a remaniée cent fois, sans la rendre meilleure, et que chacun de nos quatre-vingt-six départements est, depuis long-temps, doté de son *principal*, sans préjudice des *centimes additionnels*, dans les quatre éléments de l'impôt direct, contributions *foncière*, des *portes et fenêtres, personnelle et mobilière*, et des *patentes*.

D'où vient donc le mouvement extraordinaire de l'armée fiscale, qui inquiète les municipalités, et ensanglante les villes?

Pouvez-vous bien faire une telle question, répondent le ministère, les agents du ministère, et les journaux dont le ministère dispose? — Est-ce que la loi des recettes de 1838 ne porte pas : « Qu'il sera soumis aux chambres en 1842, et » ensuite de dix années en dix années, un nouveau projet de » *répartition*, tant de la contribution personnelle et mobilière » que de la contribution des portes et fenêtres? »

Vous ne concevez pas, Monsieur, la force de l'argument? Ni moi non plus. Je vous avoue que, si je n'avais lu de mes propres yeux cette incroyable explication dans le *Moniteur*, dans les *Débats*, dans la *Presse*, je n'aurais pas cru possible qu'on osât se moquer du public avec un pareil aplomb.

La répartition de la contribution personnelle et mobilière et des portes et fenêtres, entre les départements, est en butte à des attaques très vives. Ces attaques ne sont pas nouvelles, car ce fut M. Cornet d'Incourt qui en prit l'initiative, il y a vingt ans; mais elles sont cause de la disposition de loi que je viens de citer. Du reste, le sens commun proclame qu'il n'y a pas le moindre rapport entre cette disposition législative et la nécessité du recensement.

On opère un *recensement*, quand il s'agit de *trouver la ma-*

tière imposable, d'établir une *matrice*, mais non pas quand cette *matrice* est *formée*.

Dans cette dernière hypothèse, il n'y a plus lieu que de la *tenir à jour*, et telle est précisément la besogne que le contrôleur a mission d'accomplir dans chaque commune, sous le *contrôle et avec l'assistance du maire et des répartiteurs*.

Si l'on a élevé des constructions nouvelles, l'agent du fisc a droit de requérir l'intervention de l'autorité municipale pour visiter les lieux, dans le cas où il doute de l'exactitude des renseignements qu'elle lui fournit; mais ce n'est pas là procéder à un *recensement*, comme l'entend **M. Humann**, c'est se livrer à une simple *vérification*, qui est toute naturelle, puisque les choses sur lesquelles elle porte n'existaient point à l'époque du *recensement*.

Il y a loin de là à la doctrine soutenue par le *Moniteur*, que les contrôleurs de contributions peuvent, aussi souvent qu'il leur plaira, et sans le concours des officiers municipaux, pénétrer dans le domicile des citoyens, pour y procéder à des investigations prescrites par le *seul* bon plaisir ministériel.

Mais pourquoi un *recensement* aujourd'hui que la matrice générale des quatre contributions directes de chaque département, ou, ce qui revient au même, toutes les matrices communales, se trouvent depuis longtemps *formées* et *complètes?*

Il est évident que cette opération n'est pas nécessaire pour accomplir le vœu de la loi de 1838.

Si elle n'est pas nécessaire, le *recensement* a donc un tout autre but.

Et si le *recensement* a un autre but, il y a, par conséquent, flagrant délit de mensonge de la part du ministère.

Je reviendrai sur ce sujet dans ma prochaine lettre. En attendant, Monsieur, barricadez-vous contre les contrôleurs, et, de crainte de surprise, donnez l'ordre à votre domestique de ne pas laisser pénétrer chez vous quiconque refuserait d'exhiber sa carte de visite ou son passeport.

Je suis, etc.

Paris, le 30 juillet 1841.

TROISIEME LETTRE.

—

SOMMAIRE :

Preuves de l'inutilité du recensement. — L'Administration possède depuis longtemps toutes les données nécessaires à l'assiette d'une répartition départementale nouvelle.—Sans cela l'exécution de la loi de 1838 serait impossible : démonstration de cette vérité.—Sens réel de la loi.—La répartition actuelle de l'impôt mobilier et des portes et fenêtres, proclamée excellente par le Pouvoir central.

> Cui plus licet, quàm par est, plus vult
> quàm licet.
>
> Pub, Syrus.

Ma dernière lettre vous a sans doute amplement convaincu, Monsieur, de l'inutilité du recensement prescrit par M. Humann pour satisfaire au vœu de la loi de 1838. Il est aussi clair que le jour, que le ministre *possède* par devers lui, *depuis longtemps*, tous les *éléments* du travail qu'il veut soumettre aux Chambres. Je n'aborde donc la question de nouveau que pour vous faire toucher au doigt, en quelque sorte, et dans toute son étendue, la duplicité ministérielle.

La loi de 1838 veut que le Pouvoir exécutif présente aux Chambres, non pas seulement pour 1842, mais de dix ans en dix ans, le tableau des modifications qu'il y aurait lieu d'apporter au repartement de l'impôt *personnel et mobilier* et des *portes et fenêtres*, entre les quatre-vingt-six grandes divisions territoriales qui partagent le pays sous le rapport administratif.

Cela veut-il dire qu'à chaque période décennale, on doive

compter *à nouveau* toutes les ouvertures des maisons, supputer *à nouveau* toutes les valeurs locatives, dans chaque département?

Non, car si le ministre des finances, les directeurs, les inspecteurs, les contrôleurs et les percepteurs de l'impôt *direct* ont fait leur métier, ont rempli toutes leurs obligations légales, la *matrice générale* de chaque département est *à jour*, et le pouvoir exécutif pourvu de tous les renseignements dont il a besoin, pour se présenter devant le législateur.

On soutient même une impossibilité matérielle, en affirmant le contraire.

A qui pourrait-on faire accroire, par exemple, que si l'Administration ne possédait, *depuis longtemps*, toutes les données nécessaires à l'accomplissement du vœu formulé par la loi de 1838, le ministre des finances serait, d'ici à la session de 1842, en mesure de venir dire à la Chambre des députés : le principal de l'impôt est trop fort ou trop faible dans tel département?

D'abord, l'opération du recensement, en supposant qu'elle se fasse, sera tout au plus terminée à l'ouverture de la session.

Mais cette opération ne constitue que la partie matérielle du travail, qui doit être vérifiée et contrevérifiée, d'une manière scrupuleuse, dans chaque département.

Ce n'est pas tout : les données matérielles réputées bonnes, il faut que chaque directeur des contributions en résume l'ensemble pour son département, et que son travail soit soumis aux conseils généraux et aux conseils d'arrondissement.

Ce n'est pas tout encore ; car, la besogne achevée dans chaque département, il reste au ministre des finances à la revoir et à en coordonner les résultats pour toute la France. Il faut consulter les observations des Conseils électifs, correspondre avec les quatre-vingt-six directeurs, et obtenir, sur une foule de points, qui ont besoin d'être éclaircis, des explications satisfaisantes.

Alors, mais alors seulement, commence le travail du ministère, qui comporte encore un certain délai. Et remarquez, je vous prie, Monsieur, qu'un seul département en retard paralyse l'action de l'administration générale des finances. Remarquez en outre que les directeurs, les inspecteurs et les contrôleurs de contributions, chargés d'accomplir une si rude besogne, dans l'espace de quelques mois, devraient la faire marcher de front avec celle qui résulte du renouvellement annuel des rôles de l'impôt direct, dans trente-six mille communes.

Répétons donc que le recensement ne se rattache en aucune manière à la loi de 1838, que M. Humann n'en a pas besoin pour obtempérer à cette loi, et qu'il le prescrit dans un autre but.

Je rougis d'insister sur l'évidence, et cependant il y a nécessité, car il n'existe pas de nation au sein de laquelle les financiers, ministres ou non ministres, aient fait plus de dupes qu'en France.

La loi de 1838 ne prononce même pas le mot de recensement; elle a si bien entendu, au contraire, que les choses devaient se passer comme je vous l'ai dit, Monsieur, que l'article cité dans ma première lettre se termine de la manière suivante :

« A cet effet (la présentation aux Chambres d'une répar-
» tition départementale nouvelle de l'impôt), les agents des
» contributions directes *continueront de tenir au courant* les
» renseignements destinés à faire connaître le nombre des in-
» dividus passifs de la cote personnelle, le montant des
» loyers d'habitation, et le nombre des portes et fenêtres. »

Ces seuls mots, *continueront de tenir au courant*, pulvérisent, sans aucun moyen de rattache, tous les sophismes entassés par la presse ministérielle.

Le législateur de 1838 était-il en démence, ou sain d'esprit?

Au dernier cas, il a compris le sens de ses paroles; et, s'il n'a enjoint aux agents du fisc autre chose, que de *continuer* de faire ce qu'ils faisaient par le passé, c'est apparemment qu'il n'ignorait pas que *rien de plus fût à faire.*

Les avocats, qui pullulent sur les bancs de la Chambre, seront sans doute de mon avis, eux qui tous les jours citent au palais ce vieil adage du droit romain : *Qui dicit de uno, de altero negat.*

Je vois pour mon compte, dans la loi de 1838, précisément le contraire de ce qu'y ont aperçu, ou feint d'y apercevoir, les défenseurs de M. Humann.

La loi n'avait pas besoin de parler des agents du fisc. Personne ne contestera que ceux-ci auraient rempli leurs obligations habituelles, quand même il n'eût pas été question d'eux dans la loi. Pourquoi donc cette mention particulière et anormale? Elle a certainement une cause, et cette cause la voici :

Chaque administration publique a toujours été travaillée, en France, de la manie de l'innovation, qu'il ne faut pas confondre avec l'amour du progrès; car, si le progrès coûte, il rapporte, tandis que l'innovation, moins le progrès, est purement ruineuse. De la conscience de cette vérité, qui porte même, au sein des chambres, malheur au progrès, il résulte que les gens sensés se tiennent continuellement en garde contre l'esprit de turbulence et de remu-ménage, au point de vue administratif, de tous ceux qui ont saisi quelque portion du pouvoir. Et tel est, selon moi, le principe de la disposition singulière, et inutile autrement que sous ce rapport, de la loi de 1838, relative aux agents des contributions directes. Elle a été introduite dans cette loi à titre *restrictif* et non *extensif;* elle constitue une précaution prise contre la tendance, bien connue, des Administrateurs, à agiter, remuer, manipuler sans cesse, la *matière imposable*. Le législateur s'est dit : Il ne faut pas que, sous prétexte d'améliorer la répartition départementale de l'impôt, on se livre, tous les dix ans, à des opérations qui ne sont pas seulement inquiétantes pour les citoyens, mais de plus fort dispendieuses pour l'État. Je défie le ministère de combattre cette explication, par un argument qui ne soit pas un outrage au sens commun.

Ce qui doit corroborer aux yeux des autres cette opinion, qui équivaut pour moi à une certitude, c'est que la loi de 1838 n'est autre chose que la *loi des recettes* de l'exercice 1839; que l'examen et la rédaction de ces sortes de lois sont du domaine exclusif, en quelque sorte, des financiers de la Chambre, et que la majorité des financiers s'est toujours, notamment en 1831, montrée hostile à certaines innovations dont je vous parlerai bientôt, et qui, à cette même époque, étaient présentées par M. Thiers, et appuyées par M. Humann.

Ainsi donc, non seulement le recensement est inutile, mais il est contraire à l'intention du législateur, et par conséquent *illégal* au fond aussi bien que dans la forme.

Un mot assez curieux, maintenant, sur le projet même d'une nouvelle répartition de l'impôt entre les départements.

« On peut dire que la répartition actuelle (de la contribution
» personnelle et mobilière) présente, quant aux *masses* (dans
» la langue financière, cela veut dire par départements), toute
» la proportionnalité que l'on peut raisonnablement espérer
» d'atteindre en pareille matière.

» On peut dire que la contribution des portes et fenêtres

» est, comme la contribution personnelle et mobilière, équi-
» tablement répartie quant aux masses (départements). »

Savez-vous qui tient ce langage, Monsieur, et à quelle époque remonte l'affirmation que vous venez de lire ? Vous me
répondez que non. — Alors, je vais vous l'apprendre.

L'auteur de ce langage est tout simplement le Pouvoir central, et c'est au mois de février 1839 qu'il s'expliquait dans
les termes que j'ai rapportés textuellement.

De plus, comme je ne veux pas que vous me croyiez uniquement sur parole, je vous indiquerai mes sources, qui sont
le *Compte général de l'administration des Finances* pour l'année 1838, signé *Laplagne*, IIe partie, pages 62 et 66.

J'ajoute qu'à l'appui de la déclaration qui précède, se trouvent des tableaux, qui prouvent mathématiquement, s'ils sont
exacts, que la répartition de l'impôt personnel et mobilier et
des portes et fenêtres, ne s'élève ou ne s'abaisse jamais, de
département à département, que dans un rapport proportionnel, soit à la richesse et à la population des villes, soit à la
fertilité du territoire, ou au développement de l'industrie.

Qui peut donc comprendre quelque chose à un gâchis pareil ?
Quel mépris, quel dégoût, quelle indignation ne doit-il pas
inspirer aux hommes de bien !

En 1838, le législateur ordonne de modifier la répartition
départementale de l'impôt !

En 1839, le Pouvoir central déclare que la répartition est
excellente, et il en exhibe les preuves, chiffrées, au législateur !

Et en 1841, ce même Pouvoir fait marcher des régiments
pour appuyer l'exécution de mesures qui ont pour but, selon
lui, de détruire l'ouvrage qu'il a proclamé *parfait* en 1839 !

Dans ma prochaine lettre, Monsieur, je déchirerai tout à

fait le voile, fort transparent d'ailleurs, qui couvre les machinations fiscales d'un homme dont le caractère, quant à la rudesse et à part l'éloignement pour l'*économie* (1), n'est pas sans rapport avec celui de l'abbé Terray (2).

Je suis, etc.

Paris, le 1ᵉʳ août 1841.

(1) Voir le budget de 1842, page 19, discours de M. Humann.

(2) En 1769, sous Louis XV, comme en 1774, sous Louis XVI, l'abbé Terray voulait réduire les dépenses publiques. — Voir l'*Histoire financière de la France*, par M. Bailly, tome II, pages 169 et 197.

QUATRIEME LETTRE.

—

SOMMAIRE :

Le *Moniteur* sort de la question pour l'obscurcir. — Personne ne soutient
que les attributions des répartiteurs communaux soient les mêmes que
celles des conseils d'arrondissement et de département. — La loi de 1807
s'applique aux recensements ordinaires, partiels, et non aux recensements
généraux. — Elle se coordonne avec toutes les lois antérieures.

> .... Il viendra me demander peut-être
> Un grand homme sec, là, qui me sert de témoin,
> Et qui jure pour moi lorsque j'en ai besoin.
> RACINE, *les Plaideurs.*

Avant de parler, Monsieur, de la nature du guet-apens
fiscal dans lequel le pays tombera peut-être, il faut que je
vous dise un mot de l'*illégalité* du recensement, quant à *la
forme*.

Voici ce que le *Moniteur* (n° du 4 juillet) a opposé de
plus concluant à la presse sous ce rapport : l'article 39 de la
loi du 15 septembre 1807, a dit la feuille officielle, porte ce
qui suit :

« Les directeurs des contributions directes *continueront de
» faire chaque année les recensements* et autres opérations re-
» latives aux rôles des propriétés bâties et à ceux de la contri-
» bution personnelle et mobilière, des portes et fenêtres, et des
» patentes. »

« On voit d'un coup d'œil, » continue l'organe du gouver-
ment, « en parcourant ces textes, qui régissent toujours la
» matière, que les agents des contributions directes sont

» *exclusivement* et *privativement* chargés de recueillir, au
» moyen de recensements annuels, tous les documents qui
» doivent éclairer les conseils électifs sur la répartition à faire
» des contingents départementaux entre les arrondissements
» et les communes. On voit aussi qu'il ne peut être question
» du concours des répartiteurs communaux dans ces opéra-
» tions préparatoires.

Le *Moniteur* ne nous apprend rien que nous ne sachions
aussi bien que lui-même, quand, avec le ton moitié rogue et
moitié patelin, qui caractérise sa prose officielle, il nous déclare que l'impôt comporte deux espèces différentes de *répar-
titions*, savoir, celle des *degrés supérieurs*, ou du département
entre les arrondissements, et de l'arrondissement entre les
communes, et enfin de la commune entre les individus ou les
contribuables. Et cela, surtout, ne prouve pas que les agents
du fisc puissent jamais opérer *privativement*, sans l'assistance et
le concours de l'autorité municipale.

Avant d'arriver aux assemblées d'arrondissement et de département, aux *conseils électifs*, pour employer l'expression
du *Moniteur*, est-ce que les agents du fisc n'ont pas dû passer
par les communes pour y recenser la *matière imposable*, pour
la découvrir dans ses natures diverses, et en mesurer l'étendue?
Sans ce préambule, en effet, quelles propositions ces agents
pourraient-ils soumettre aux *conseils électifs*? Se présente-
raient-ils devant eux, avec une rame de papier blanc sous le
bras, pour leur dire : « Nous allons, Messieurs, déterminer le
» principal de l'impôt dans chaque commune, au hasard,
» selon votre bon plaisir, sauf aux communes à le répartir
» entre les citoyens, comme elles l'entendront? »

Non, les choses ne se passent pas ainsi, et le *Moniteur* le
sait fort bien. Il sait fort bien que la *matrice* de tout rôle
communal doit être arrêtée et signée par le *maire* et les *répar-*

titeurs, pour la contribution *foncière*, *personnelle* et *mobilière*, et des *portes* et *fenêtres*; et par le maire, *seul* (1), pour la contribution des *patentes*; que le contrôleur *rédige* seulement cette matrice, et que tous, maires, répartiteurs et contrôleurs, ont des droits et des devoirs qui sont déterminés par la *loi* et ne peuvent être modifiés que par elle.

Le *Moniteur* sait fort bien qu'il n'y a pas d'autre manière de recueillir les documents qui doivent éclairer les Conseils, par la raison, d'abord, que les agents des contributions directes n'ont pas qualité pour pénétrer, seuls, dans le domicile des citoyens; que les portes de ce domicile, aux termes de la loi des 19-22 juillet 1791, ne doivent s'ouvrir, même devant le maire, que dans les cas décrits et prévus par la loi; que la *surveillance* de l'assiette, de la répartition, et de la perception des contributions directes appartient aux maires, d'après la loi des 14-18 décembre 1789 et l'arrêté du 16 thermidor an VIII; et, enfin, que, si ce n'est pour la contribution des *portes et fenêtres*, où les yeux suffisent pour constater la *matière imposable*, les agents du fisc, s'ils opéraient *privativement*, se trouveraient même dans l'impossibilité *matérielle* de réunir les éléments, les bases d'un travail régulier et complet.

On redescend bien du département à l'arrondissement, de l'arrondissement au canton, du canton à la commune, pour diviser le principal de l'impôt, le répartir en quotités communales; mais le point de départ des opérations, où se prend-il, si ce n'est dans la commune?

Les opérations que le *Moniteur* appelle *préparatoires* sont,

---

(1) Disposition mauvaise, surtout avec une loi de patentes si monstrueuse qu'elle est restée inapplicable. — J'ignore comment on procède dans les grandes villes, mais je sais que, dans les petites villes et dans les campagnes, on n'exécute pas et l'on ne pourra jamais exécuter la loi d'une manière rigoureuse, relativement au *droit proportionnel*.

au contraire, *finales*.. Le *Journal des Débats* a toujours de l'esprit à son service, quand il manque d'arguments; mais on voit que si l'esprit fait défaut au *Moniteur*, ce n'est pas par la logique qu'il le remplace.

« Il ne peut être question, dit ce journal, du concours des » répartiteurs communaux dans ces opérations préparatoires » (celles qui sont dans les attributions des conseils d'arrondissement et de département).

Voilà, à coup sur, une vérité vraie. Seulement je ne sais pas à quoi elle répond, car je n'ai jamais entendu personne soutenir que les attributions de l'assemblée des répartiteurs fussent les mêmes que celles des conseils généraux ou d'arrondissement. Tactique usée que celle de sortir de la question !

En *fait*, les agents de l'impôt direct ne procèdent jamais sans l'assistance et le concours de l'autorité municipale.

En *droit*, je défie qu'on cite un seul texte de loi qui les autorise à faire, *seuls*, l'évaluation d'une propriété bâtie ou non bâtie; à compter, *seuls*, les ouvertures de nos maisons; à supputer, *seuls*, nos valeurs locatives, et à nous imposer, tout *seuls* enfin, à la contribution de la patente.

Je n'examinerai pas s'il existe quelque disposition législative qui permette à ces messieurs de nous interpeller *personnellement* sur le montant de nos loyers ; tout le monde comprend qu'une disposition de cette nature, qui peut s'allier avec une constitution et des mœurs républicaines, ne saurait jamais être à l'usage des monarchies.

Quant à la loi citée du 15 septembre 1807, elle n'infirme, sous aucun rapport, la thèse que je viens de soutenir.

Dans tout pays où il existe une organisation de l'impôt, il faut des recensements, et de plus des fonctionnaires chargés d'asseoir et de répartir l'impôt suivant des formes légales. Le rapprochement, dans un même article d'une loi sur l'impôt, des mots *directeurs de contributions et recensements*, n'a donc rien que de fort naturel. On ne pouvait, apparemment, charger les officiers d'état-major de la besogne de compter les portes et fenêtres; on ne pouvait en charger non plus les officiers municipaux, exclusivement, parce que leurs fonctions sont gratuites, et qu'ils ne peuvent donner tout leur temps aux affaires communales. Rien de plus simple, donc, qu'on ait confié les mesures relatives à l'organisation de l'impôt aux agents des contributions directes, qui ne sont pas sans doute institués et payés pour ne rien faire.

Mais il faut *coordonner* la loi de 1807 avec toutes les autres lois sur la matière, tandis que le *Moniteur* raisonne comme si cette loi était *unique*.

« Les directeurs des contributions directes continueront de
» faire chaque année les recensements et autres opérations re-
» latives aux rôles des propriétés bâties, etc. »

D'abord en 1807, il était bien indispensable qu'on fît des recensements, puisqu'il n'y avait que trois années qu'on avait entrepris le cadastre. Cependant, *en fait*, les opérations cadastrales n'ont jamais eu lieu sans l'assistance et le concours de l'autorité municipale. Elles seraient même matériellement impossibles sans cette assistance et ce concours.

En outre, entend-on se prévaloir de la loi de 1807 pour dire qu'un directeur peut, de son autorité privée, ordonner tous les ans un recensement départemental? Cette allégation ne mériterait pas de réponse.

Le directeur se conforme aux ordres du ministre, et les ordres du ministre sont ou doivent être toujours en harmonie avec la loi.

Or, je ne sache pas que la loi, que le droit commun ait investi aucun ministre du pouvoir annuel de recensement.

D'ailleurs, comme je l'ai prouvé déjà, le recensement ne peut avoir d'autre but que d'établir la matrice des rôles ; et, quand cette matrice est formée, il devient inutile. C'est dans ce sens, seulement pour ce cas unique, qu'a parlé le législateur de 1807. Il ne s'agit que des recensements *ordinaires partiels*, *indispensables*, et non de recensements *généraux*, de mesures de l'*espèce* de celles qu'a prescrites **M. Humann.**

Le *Moniteur* a souligné avec malice, « *continueront de faire* » *chaque année les recensements* et autres opérations relatives » aux rôles », et il ne s'est pas aperçu que les mots *chaque année* détruisaient de fond en comble toute son argumentation ; car, pour qu'elle fût logique, il faudrait prendre la loi au pied de la lettre, et conclure qu'on a imposé aux directeurs l'obligation de *recenser chaque année la matière imposable de tout le département*, ce qui est absurde. L'article 39 de la loi de 1807 ne prescrit pas le recensement d'une manière spéciale ; il le prescrit avec toutes les *autres opérations* relatives à l'établissement des *rôles ;* et, comme on ne saurait établir de rôles sans un *recensement primitif*, il était rationnel que les directeurs, chargés de dresser les rôles, eussent le droit de procéder à l'opération du recensement, toutes les fois qu'elle n'avait pas encore eu lieu dans une ou plusieurs communes de leur département.

Et puis enfin, de quelque manière qu'on interprète cet article 39, le recensement n'en a pas moins ses *formes légales,* résultantes de lois *antérieures*, auxquelles la loi de 1807 n'a pas *dérogé, formes* qui consistent dans l'assistance et le concours de l'autorité municipale.

Il s'agissait uniquement de prouver que les agents du fisc peuvent se passer de ce concours, et le *Moniteur* a dogmatisé tout à fait en dehors de la question.

Je conclus à l'*illégalité* radicale du recensement dans la *forme* où il s'opère, et je remets à ma prochaine lettre, Monsieur, de vous dire, enfin, quel est le but réel de cette opération.

Je suis, etc.

Paris, le 3 août 1841.

CINQUIÈME LETTRE.

—

> Postremò omnibus modis pecuniam trahunt, vexant.
>
> SALL., *de Cat. conjurat.*

La France a payé, de 1814 à 1838, c'est à dire dans l'espace de vingt-cinq ans, la somme de 25,946,042,525 fr. (1).

Comme, d'après M. le baron Dupin, le dieu incarné de la statistique, nous jouissons en somme ronde d'un revenu annuel de 10 milliards, ou de 292 fr. par tête de citoyen français, il résulte du rapprochement de ces chiffres, que la gueule

(1) Compte de l'administration des finances pour 1840, page 187.

toujours béante de ce monstre insatiable qu'on appelle le fisc, a pendant un quart de siècle englouti, bon an mal an, au delà du dixième du produit de nos terres et de nos capitaux.

La moyenne d'un milliard, près de 38 millions, devient, pour 1839, le chiffre de 1195 millions; et, grace à **M.** Thiers et successeurs, on règlera sur le pied de 1300 millions, à partir de l'exercice 1840.

Vous savez, Monsieur, que quand je cite des chiffres ils sont exacts; mais, ne serait-ce que par curiosité, je vous engage à parcourir le budget de 1842, et à consulter, au *Moniteur*, les discours financiers de **MM.** Dufaure, baron Dupin, marquis d'Audiffret, comte d'Argout, de Mosbourg, Mérilhou, Rivet et Laplagne; vous me direz ensuite quelle sorte d'impression vous aura causée cette lecture !....

L'État n'étant pas la seule personne qui, en France, batte monnaie sur le peuple, il me serait facile de grossir encore mon chiffre de 1300 millions, mais je m'y tiendrai, parce que, si nous sommes pauvres, le sujet que je traite est tellement riche, que je ne saurais tout dire. D'ailleurs, 1300 millions constituent une rente assez belle, un apanage fiscal qui certainement n'a pas son pareil en Europe !

Si vous me citiez l'Angleterre, je vous répondrais que l'impôt de 55,000,000 liv. sterl. (ou 1,375,000,000 fr., sur lesquels on ne dépense que 1,164,314,000 fr., le surplus étant consacré au remboursement de la dette (1)), est proportionnellement beaucoup moins lourd que le nôtre, car ce n'est pas le territoire et la population des seules îles britanniques qui le produisent. On oublie à dessein, dans cette comparaison, que l'Angleterre possède un empire d'outre-mer qui a 133,000

____

(1) Moreau de Jonnès, *Statistique de l'Angleterre*, tome II, pages 174 et 181.

lieues carrées d'étendue, et qu'elle compte, dans l'Inde seule, 90 millions de sujets, malheureux parias livrés, corps et biens, à l'exécrable exploitation des boutiquiers de Londres. Ce sont donc aussi les sueurs et le sang des Indiens, et non pas seulement le travail des prolétaires anglais, qui amènent 1375 millions dans les caisses du fisc de la Grande-Bretagne.

Revenons aux 1300 millions de notre budget.

Sans doute, vous pensez, Monsieur, qu'une machine fiscale qui produit de tels résultats, n'a pas besoin d'être douée d'une force nouvelle. M. Humann n'est pas de cet avis.

Selon ce ministre (1) :

Ce n'est qu'en augmentant les produits de l'impôt qu'on peut *aligner* nos budgets.

La machine fiscale fonctionne avec *faiblesse*, les lois et la justice ne sauvegardent pas, d'une manière *suffisante*, les *droits* de l'État.

Certaines lois fiscales (ceci s'applique à la réduction, en 1831, de l'impôt sur les boissons) ont fléchi devant des résistances malheureusement encouragées, à certaines époques, par le relâchement de l'action du pouvoir.

De là des inégalités, des lacunes, des infractions, dont la morale publique et l'équité (la morale publique et l'équité mêlées, grand Dieu ! avec les contributions indirectes !) ne sont pas moins blessées que l'intérêt du trésor.

Il faut *fortifier* la perception des taxes et *généraliser* l'application des lois qui les ont constituées.

On assurera prochainement, par une loi *nouvelle*, la perception de l'impôt du timbre, des lettres de change et des billets de commerce.

____

(1) Budget de 1842, page 19, ou *Moniteur* du 31 décembre 1840.

Enfin, d'autres dispositions de même nature s'*élaborent* et seront présentées ultérieurement.

Vous avouerez qu'après ces paroles officielles, c'est l'abomination de la désolation que d'imputer à M. Humann le projet d'augmenter l'impôt. Le *Moniteur*, la *Presse* et les *Débats*, ces vertueux champions de la morale publique, pouvaient-ils donc ne pas foudroyer une telle calomnie ! M. Humann est en vérité le juste de Platon ! Il n'y a pas de financier moins fiscal, de ministre plus débonnaire ! Augmenter l'impôt, quelle insinuation perfide ? Est-ce qu'il n'y a pas de précédents d'ailleurs, et que le *Moniteur* s'imprime en hébreu ou en cochinchinois ? Est-ce qu'en 1831, M. Humann, rapporteur du budget des recettes, ne combattait pas, l'une après l'autre, toutes les réductions proposées, tandis que M. Thiers, rapporteur du budget des dépenses, les défendait en masse et s'attirait, de la part de l'un de ses collègues, cette réponse énergique :

« Si l'on dit que nous voulons de *sales* économies, comme
» on nous l'a reproché dans la commission, vous répondrez
» avec nous qu'il y a de *sales* dépenses dans le budget, mais
» que vous ne connaissez pas d'économies *sales*, quand elles
» doivent profiter au peuple. (Très bien ! très bien !... (1)) »

Le projet de *féconder* ou d'augmenter l'impôt n'est pas douteux. Il est tellement clair, patent, illuminé d'évidence, que nous serions devenus la risée de toute l'Europe, si les dénégations de la presse ministérielle n'avaient pas trouvé de contradicteurs. Mais les contradicteurs n'ont pas tout dit ; ils sont loin d'avoir complètement éventé les projets du ministère, parce qu'en France l'on oublie vite, tandis qu'en matière d'argent l'administration apprend toujours et n'oublie jamais.

(1) *Moniteur*, 18 janvier 1832, discours de M. Roger.

Ce n'est pas une idée neuve que celle dont **M. Humann** presse l'exécution ; il y a longtemps qu'elle a été conçue par cet être collectif et multiforme, qui affecte de se confondre avec l'État ; par cette puissance paperassière, insaisissable, et irresponsable, qu'on appelle l'*Administration*, qui tient la plume au *forum*, la balance au prétoire, et la France garrottée, comme une momie égyptienne, dans les langes du moyen-âge, rapiécés par les habiles de l'empire, de la restauration et du gouvernement de juillet. L'administration absorbe toutes les notabilités parlementaires, et aucune ne la domine, parce que du point de vue de l'intérêt individuel, il n'est pas de système qu'on puisse préférer au sien, et que le pouvoir est à la condition de graviter dans ce système. La royauté et les ministres changent, mais l'administration, elle, demeure pour enrayer le progrès, compliquer tout ce qui est simple, obscurcir tout ce qui est clair, inonder la France de commis, la hérisser de soldats, et, surtout, féconder le budget.

L'idée de **M. Humann** préoccupe l'administration depuis 1819. Vous allez voir, Monsieur, que cette histoire a beaucoup de ressemblance avec celle du projet d'embastiller Paris, conçu par Charles **X** et exécuté par le gouvernement de juillet.

Des plaintes s'étant élevées, en 1819, sur la répartition, prétendue fort inégale, de département à département, de l'impôt mobilier et des portes et fenêtres, ce fut comme un trait de lumière qui éclaira soudainement l'administration sur l'avantage qu'il y aurait pour elle à transformer ces deux contributions directes, d'impôts de *répartition*, en impôts de *quotité*.

La *Presse*, dans son numéro du 30 juillet, a fort mal caractérisé la différence qui existe entre ces deux natures de contributions, et je vous en donnerai la preuve tout à l'heure.

Un impôt de répartition, dans toute la rigueur des termes,

est un impôt à *principal fixe*, qui ne peut subir de changement quant à sa *quotité*, à son *quantum*, et qui ne varie que
dans la répartition à faire entre les contribuables.

Si on l'aime mieux, c'est un abonnement avec les localités.

Un impôt de quotité est, précisément, le contraire.

Le principal n'y a de limites que celles de la *matière imposable* et l'élasticité des *tarifs*.

Vous comprenez, de suite, pourquoi les gouvernements
préfèrent aux impôts de *répartition*, les impôts de *quotité*.

En France, les trois contributions, *foncière*, *personnelle et
mobilière*, et des *portes et fenêtres*, ne sont pas proprement
des impôts de *répartition*, puisque le *principal* en *varie*, quoique la feuille de M. de Girardin affirme le contraire; mais,
comme ce principal varie beaucoup moins que dans les contributions *indirectes*, on leur a conservé cette dénomination
inexacte et vicieuse (1).

Quant à l'impôt des *patentes* et à toutes les autres taxes
indirectes qui figurent au budget, ce sont bien là de véritables
impôts de *quotité*.

En 1849, le principal de l'impôt des portes et fenêtres, pour
toute la France, ne s'élevait qu'à la somme de 12,874,230 fr.,
et on le trouvait trop fort.

Or, voici le calcul que fit l'administration.

Si je puis, dit-elle, amener les Chambres à métamorphoser
l'impôt de répartition en impôt de quotité, au lieu de toucher
12 millions par an, quel que soit le nombre des portes et fenêtres du royaume, ce ne sera plus une somme *fixe* que j'encais-

(1) Ouvrez le budget et les comptes annuels de l'administration des finances, et vous lirez ces mots : Le principal de la contribution *foncière* ou des
portes et fenêtres a été *augmenté* de la somme de.......... Quant à la contribution *personnelle et mobilière*, elle n'est impôt de *répartition* qu'à l'égard de
la taxe *mobilière* : elle est impôt de *quotité* relativement à la taxe *personnelle*.

serai à l'avenir, mais bien une somme *indéterminée*, qui grossira sans cesse dans le même rapport que le nombre des ouvertures ; puis, avec une Chambre complaisante, j'augmenterai sans peine mon tarif, ce qui permet de doubler l'impôt d'un trait de plume, et ne laisse pas que d'être commode, au moins pour moi, sinon pour les contribuables.

En 1819, le principal de l'impôt personnel et mobilier pour toute la France montait à la somme de 27,244,620 fr., et l'on se plaignait, car on se plaint toujours.

L'administration raisonna de la sorte : il y a ici *double* bénéfice à changer la contribution en impôt de quotité. Voilà, ma foi, une excellente affaire !

On va voir que le fisc ne calcule pas mal.

L'Assemblée constituante avait voulu, par la contribution *mobilière*, frapper *exclusivement* le revenu des capitaux mobiliers. Mais, comme par la nature des choses il y avait impossibilité matérielle de connaître ces capitaux, dont le revenu d'ailleurs est essentiellement variable, elle décréta que les valeurs locatives ou les loyers en constitueraient le *signe*. Cette fiction, qui avait donné lieu à la formation d'une échelle de loyers, divisée en dix-huit classes, n'amena, comme toute fiction, que beaucoup d'inconvénients et peu de résultats pour les caisses du trésor.

Après qu'on eut essayé, sans plus de succès, des lois *somptuaires*, la loi du 5 nivôse an VII, se borna à prescrire la répartition de la contribution mobilière au marc le franc des loyers d'habitation. Et c'est toujours cette loi, conservant la base vicieuse adoptée par la Constituante, qui régit la matière.

Impossible d'évaluer, même approximativement, les loyers individuels. On peut, il est vrai, ne pas trop s'éloigner de la vérité dans les appréciations par masses (départements); mais l'on conçoit que cette opération a beaucoup moins d'importance que la rectitude des bases de cotisations individuelles. Qu'on suppose un département imposé à 1,000,000 fr., et cet impôt trop fort d'un dixième, il y aura une surcharge de 100,000 fr. supportée par la population tout entière; ce seront quelques centimes de trop ajoutés à la cotisation régulière de chaque citoyen; tandis que, si l'on s'est trompé, et rien n'est plus facile, du tiers ou du quart dans l'évaluation des bases de la *répartition individuelle*, la conséquence sera de mettre à la charge de Pierre, 10, 20 francs, ou telle autre somme plus forte, qu'on aurait dû demander à Paul.

Je ne parle pas de l'absurdité d'établir l'impôt sur une *dépense* que les charges de familles, les circonstances de localité et de profession, rendent une mesure, évidemment *fausse*, de la fortune *réelle* des citoyens.

Quoi qu'il en soit, voici le double bénéfice que les financiers de 1819 comptaient réaliser, en dénaturant l'impôt mobilier.

D'abord le principal de 27 millions, ils espéraient le doubler, le tripler peut-être, en lui donnant pour base la somme *réelle* des valeurs locatives de toute la France, évaluées par l'intermédiaire seul des agents du fisc.

Ensuite ils se promettaient le même résultat quant à l'impôt des patentes, parce que cet impôt comprend trois éléments distincts, le droit *fixe* déterminé par la profession des personnes et la population des communes; le droit *proportionnel*, ou dixième de la valeur locative du patentable, et enfin les *centimes additionnels*, ajoutés au montant des deux premiers droits *réunis*.

La difficulté consistait à connaître la somme *réelle* des valeurs locatives par commune, par arrondissement, par département, et pour toute la France. Cette recherche exigeait des opérations longues, difficiles, et entraînant le concours des autorités locales, qui voulaient bien le *rappel à l'égalité proportionnelle*, mais qui ne réclamaient pas, à coup sûr, le *rehaussement* de l'impôt. Or, pour l'administration, le rehaussement de l'impôt était l'affaire *principale*, et le rappel à l'égalité proportionnelle l'*accessoire*.

On intima aux directeurs l'ordre de procéder avec prudence, sans bruit et sans éclat. On comptait avec raison sur l'ignorance, dans laquelle nous vivons presque tous, des choses administratives qui touchent à nos plus sérieux intérêts. On obtint de cette manière des municipalités, des conseils d'arrondissement et des conseils généraux, toutes les données nécessaires au but qu'on voulait atteindre. Bref, en 1829, l'administration, qui avait failli rendre ses contrôleurs aveugles, en leur faisant compulser tous les baux authentiques chez les notaires et les receveurs de l'enregistrement, avait découvert que la totalité des *valeurs locatives* de la France s'élevait à la somme de 400 millions.

C'était un chiffre magnifique! Je n'ai pas à le discuter, et je dois dire seulement qu'il triplait le montant des valeurs locatives qui servaient à cette époque d'*assiette* à la contribution personnelle et mobilière. Je dois faire observer toutefois que le revenu des propriétés bâties, porté à 400 millions par les financiers de 1829, n'était évalué qu'à la somme de 272 millions en 1814 (1).

L'embarras était de tirer les conséquences de cette découverte. On sentait bien qu'il ne fallait pas brusquer l'entreprise pour la conduire à bonne fin, et l'on résolut l'essai suivant.

____

(1) *Des Finances de la France en* 1817, par J. B. E. Poussielgue, inspecteur des finances.

Jusqu'en 1829, on avait adopté dans les petites villes, et dans les campagnes, pour répartir entre les citoyens le *contingent communal* de l'impôt personnel et mobilier, une méthode qui était aussi simple qu'équitable. Le maire et les répartiteurs, sans tenir aucun compte des loyers *réels* qu'ils ne connaissaient pas, dressaient une échelle de loyers *fictifs*, divisée en autant de degrés qu'on pouvait établir de catégories de fortunes particulières. On appliquait ensuite cette mesure, la moins fausse de toutes celles qu'on puisse imaginer, à la position de chaque citoyen, et le principal de l'impôt se trouvait de la sorte réparti avec justice entre tous les habitants de la commune. Quant au fisc, il était désintéressé dans la question, puisque le mode de répartir l'impôt n'en abaissait ni n'en élevait le *quantum*. On donnait à cette méthode le nom de *système des facultés présumées*.

Mais, en 1829, le ministère voulut que l'on procédât autrement. Il enjoignit aux contrôleurs de ne pas souffrir que les municipalités employassent d'autres bases que les *valeurs cadastrales* des maisons pour répartir l'impôt. Comme aujourd'hui encore, l'administration défendait cette mesure insolite au nom de la justice et de l'équité. Vous allez voir, Monsieur, ce qu'il advint.

Les *valeurs cadastrales* des maisons sont, personne ne l'ignore, plus ou moins *fictives*; et, d'ailleurs, elles n'ont aucun rapport avec la fortune mobilière des citoyens : première source d'erreur.

De plus, dans une maison évaluée 500 francs par le cadastre, il y a souvent dix locataires qui l'occupent dans des proportions très différentes ; et, certainement, ni le contrôleur, ni le maire, ni les répartiteurs, ne se trouvaient en état de déterminer ces proportions : deuxième source d'erreur.

Enfin, dans une maison il y a des magasins, des boutiques, des *valeurs locatives* afférentes à l'industrie; dans les campagnes, il y a des granges, des bâtiments d'exploitation, et toutes ces valeurs se trouvent exemptes de l'impôt mobilier aux termes de la loi. Il fallait donc opérer cette déduction, et de là une troisième source d'erreur.

Quoique tout cela fût le comble de l'ineptie, de l'absurdité, tout cela reçut cependant un commencement d'exécution. Mais les réclamations furent si générales et si vives, de la part des municipalités et de la part des citoyens, qu'on abandonna ce système, et que les communes restèrent en possession du droit, d'ailleurs légal, si l'on consulte l'esprit et non la lettre de la loi, de répartir l'impôt comme par le passé. Le résultat de ce gâchis, dont les annales parlementaires de 1831 conservent encore le souvenir, avait été de dégrever les riches et de reporter le poids de la contribution sur les pauvres.

« Par suite de l'impôt personnel et mobilier établi d'après
» les *valeurs cadastrales*, disait à cette époque M. Delpon,
» devant la Chambre, un aubergiste qui payait précédemment
» 10 francs d'*impôt mobilier* a été taxé à 20 francs, et un
» propriétaire de la même commune, qui siège parmi vous,
» qui reçoit un traitement de l'État, est descendu de 68 francs
» à 25 francs (1). »

Cela est-il significatif?

Vous me ferez remarquer sans doute, Monsieur, que le fisc ne gagnait rien à substituer le système des *valeurs cadastrales* au système des *facultés présumées*, puisque les contingents départementaux ne changeaient pas et ne pouvaient être modifiés qu'avec le concours des Chambres.

(1) *Moniteur*, 19 janvier 1831.

A cela je réponds que le pouvoir central espérait amener les Chambres à réaliser cette modification ; qu'il avait même proposé, pour 1821, de baser ces contingents sur les valeurs locatives *cadastrales*, en attendant qu'il pût leur donner pour assiette les valeurs locatives *réelles* qu'il ne connaissait pas à cette époque. Or, vous concevez qu'en matière d'impôt le plus difficile n'est pas d'obtenir le vote d'une chambre, d'un conseil général, d'un conseil d'arrondissement, mais bien de faire payer les contribuables. Le système des valeurs cadastrales, qui reportait l'impôt sur les pauvres, était un essai, un calcul, car le grand coup était frappé s'il n'éprouvait pas de résistance. Comme l'élévation du contingent départemental aurait plus tard mulcté tout le monde dans une proportion identique, il était clair que les pauvres, qui auraient passé condamnation sur la répartition *première*, n'auraient pu se plaindre ensuite du *rehaussement général* de l'impôt qui, dans ce dernier cas, aurait frappé les riches aussi bien qu'eux-mêmes.

Le projet manqua en 1829, mais il ne fut pas abandonné. La preuve, c'est que moins de six mois après la révolution de 1830, le 13 novembre 1830, M. Laffitte soumettait aux Chambres une loi qui tendait à changer les deux contributions, *personnelle et mobilière*, et des *portes et fenêtres*, en impôts de *quotité*.

Et savez-vous qui avait suggéré cette idée malheureuse à M. Laffitte ? — C'était l'homme de France qui a le plus d'esprit, le *Calonne* des financiers modernes, le défenseur quand même du *statu quo* administratif et des budgets monstres, le translateur des cendres impériales, et l'heureux entrepreneur de bastilles, en un mot M. Thiers.

M. Thiers fut chargé de soutenir le projet de loi édité par M. Laffitte, et ce ne fut pas sa faute si la Chambre le rejeta,

après une discussion longue, savante, et surtout fort animée.
Quelques unes des paroles de l'honorable député jetteront un
grand jour sur la question actuelle.

« Les loyers, disait **M.** Thiers, n'indiquent pas toujours la
» fortune des individus; mais il y a bien moins d'arbitraire
» dans les erreurs qui portent sur les loyers que dans les répar-
» titions faites d'après la fortune présumée des individus.
» L'appréciation de la fortune des individus est faite rarement
» avec impartialité. Les répartiteurs étaient souvent dirigés par
» des motifs de *haine*, d'*animosité*. Les contrôleurs ont bien
» moins de raison d'être *partiaux* et *injustes*, parce qu'ils sont
» étrangers à la localité; ils ne suivent que l'habitude qu'ils ont
» des évaluations. Ils apportent dans ce travail de grandes lu-
» mières. Presque tous ont fait le cadastre. Ce sont les contrô-
» leurs qui ont eu assez de lumières pour évaluer toutes les
» propriétés foncières, etc. (1). »

L'apologie des lumières des contrôleurs impatienta tellement la Chambre, que **M.** Thiers ne put continuer son discours.

Eh bien! le projet que **M.** Thiers avait emprunté à l'administration qui demeure, tandis que les ministres passent,
M. Humann l'emprunte aujourd'hui à **M.** Thiers, et l'on doit
reconnaître que, sous ce rapport, il est conséquent avec lui-
même, car il avait soutenu ce projet. Le recensement a pour
but, en un mot, de rendre plus complet le travail commencé
en 1819, pour arriver au changement de l'impôt mobilier et
des portes et fenêtres en impôt de *quotité*. J'ai la conviction
morale que ce projet sera présenté aux Chambres dans la prochaine session. Qu'en adviendra-t-il? Cela ne me regarde pas,
et je me borne à examiner le système.

(1) *Moniteur*, 10 janvier 1831.

Maintenant, Monsieur, résumons-en les conséquences.

Voici le chiffre actuel de l'impôt personnel et mobilier, et des portes et fenêtres, avec distinction du *principal* et des *centimes additionnels*.

	principal	cent. additionn.
Contribution personnelle et mobilière	34,000,000	22,000,000
portes et fenêtres..	22,500,000	7,732,000
Totaux....	56,500,000	29,732,000

Dans le système actuel, le système de *répartition*, les agents du fisc ne peuvent élever le *principal* de l'impôt personnel et mobilier.

Dans le système de *quotité*, au contraire, ce *principal* varierait à volonté entre leurs mains, car eux seuls détermineraient l'étendue de la *matière imposable*, la somme des *valeurs locatives*, qu'ils réputent déjà s'élever au chiffre de 400 millions.

L'action des Chambres se bornerait à fixer le tarif, *le centime le franc* de l'impôt, de telle sorte qu'avec une législature facile, on aurait un impôt qui pourrait croître de deux manières, tantôt par l'élasticité de la matière imposable, tantôt par le rehaussement des tarifs.

Dans le système de *répartition*, les agents du fisc ne peuvent élever le *principal* de la contribution des portes et fenêtres qu'autant qu'il s'opère des constructions nouvelles.

Dans le système de *quotité*, le *principal* de l'impôt deviendrait essentiellement *variable*, puisqu'il serait déterminé par deux termes toujours mobiles, le nombre des portes et fenêtres et le degré d'élévation des tarifs.

Il y aurait cet avantage que le nombre des ouvertures, la

matière imposable, croissant, l'impôt subirait une augmenta-
tion correspondante; que, dans le cas contraire, on pourrait
rehausser les tarifs, pour empêcher la diminution de l'impôt;
et enfin qu'à l'aide des tarifs, on ferait toujours produire à la
matière imposable, quelle qu'en fût l'étendue, la somme qu'on
désirerait en arracher.

Il est bien vrai que, dans tous les cas, on ne saurait élever
le taux des tarifs sans l'assentiment des Chambres, mais qui ne
sait aussi que l'assentiment des Chambres tient à la majorité
d'une seule voix et que, si les majorités changent, les impôts
établis restent toujours, parce que les financiers disent qu'il
n'y en a pas de meilleurs?

Enfin, le produit du droit *proportionnel* et des *centimes
additionnels* des patentes s'accroîtrait d'une manière *prodi-
gieuse*, puisque le droit *proportionnel* étant le dixième du
montant des *valeurs locatives*, il serait perçu sur une somme
totale de 400 millions de francs. Ce droit rapporterait donc
seul la somme de 40 millions, tandis que l'impôt, dans son
intégralité, n'en donne que 35 aujourd'hui.

La combinaison est d'autant plus ingénieuse qu'en ravissant
aux municipalités le droit de recenser la population, on élève-
rait encore le *principal des patentes*, et, en matière de contributions *indirectes*, les droits d'*entrée*, de *détail*, de *circula-
tion* et de *licence*.

Que la France y prenne garde, car voilà ce que veut le ministre! Qu'elle juge surtout les financiers à leurs œuvres, et
qu'elle songe qu'après avoir, en vingt-cinq ans, quadruplé
la dette de l'empire, ou plutôt des régimes antérieurs à
l'empire, ils ont, à l'heure où je parle, mis le trésor à découvert d'un *milliard!* La *science* d'ailleurs n'a-t-elle pas dit
son dernier mot : l'économie est illusoire; pour aligner les

budgets, il n'y a qu'un moyen, et il consiste à augmenter les recettes, à accroître les contributions, à *pressurer*, enfin, *jusqu'à la lie la matière imposable?*

Pauvre France! de toutes les promesses qu'on t'a faites, on n'en a tenu qu'une seule, celle que *ton budget ne diminuerait pas!*

Et cependant, Monsieur, le croiriez-vous? le siècle est moralisé par nos hommes d'état!

Qui donc fait la phrase à **M. Humann?** Qui donc a pu lui mettre dans la bouche cette tirade oratoire trois et quatre fois bouffonne :

« Il est temps, Messieurs, que les pouvoirs publics élèvent
» la voix pour rappeler les citoyens à l'observation d'un de-
» voir social, beaucoup moins respecté que les obligations
» privées, bien que sa violation entraîne les plus funestes
» conséquences. Sous un gouvernement libre nul n'a d'excuse
» pour traiter l'impôt en ennemi; et l'impôt, fort de l'assen-
» timent réfléchi des mandataires du pays, doit se faire res-
» pecter de tous, et surtout ne pas rougir de lui-même. »

Les parties prenantes au budget ont trouvé que le ministre parlait comme *Mirabeau.*

Les parties payantes ont haussé les épaules et prétendu qu'il y avait longtemps que le fisc ne rougissait plus de rien.

Vale, et me ama.

Je suis, etc.

Paris, le 7 août 1841.

Post-scriptum.

Je rouvre ma lettre pour vous dire qu'il faut briser la statue de *Guttemberg*, et demander le rétablissement de la censure. Lisez la *Phalange* du mercredi 28 juillet, et vous jugerez si j'ai tort. N'y a-t-on pas *imprimé* :

Que le revenu *imposable* de toute la France était fixé à **UN** *milliard* par les répartiteurs (qui ne s'occupent pas plus du revenu de la France, que moi de la *théorie des quatre mouvements*), d'où il suivrait que la France payant au delà d'un milliard d'impôts, les répartiteurs offriraient au gouvernement *plus que la totalité de leur revenu* ;

Que les froments seuls de la France présentent un revenu *imposable* de douze cents millions, parce que les *Fouriéristes* confondent le revenu *imposable* de la terre avec la valeur *vénale* des produits, et s'imaginent que les cultivateurs obtiennent du blé pour rien ;

Qu'une *partie* des *valeurs locatives* des maisons en France s'élève, au *minimum*, à la somme de *huit cent soixante-quinze millions*, et qu'il faut asseoir l'impôt *mobilier* sur cette somme pour *dégrever* les petits contribuables, les *locataires* ;

Que le fisc apporte la plus grande négligence dans le recensement des portes et fenêtres, bien qu'il ait compté *trente-huit millions d'ouvertures* lors du recensement fait en vertu de la loi du 28 mars 1380 ;

Que la plupart des *citadins* sont affranchis de la contribution *personnelle*, quoique des documents officiels constatent qu'il existait, en 1837, six millions cent onze mille deux cent dix-huit *assujettis à cette contribution* ;

Qu'enfin la France possède trois millions cinq cent mille maisons *urbaines, sans compter les maisons rurales, et un certain nombre de maisons urbaînes dont le prix est le moins élevé*, tandis qu'il est constaté officiellement, pour 1837 encore, que les maisons *réunies* de toutes les communes, dont la population excède cinq mille ames, sont au *nombre total* de cinq cent quatre-vingt-seize mille cinq cent vingt-six.

Voilà, Monsieur, ce que la *Phalange* appelle des *éclaircissements sur la question de l'impôt.*